AF264458

Más fuerte que un golpe

Dana Neri

A mis seres queridos.
A las mujeres víctimas de violencia.
A quienes tienen el valor de creer en el poder de la poesía.

Su boca está cerrada,
pero de sus labios surgen
comas y puntos,
vocales, consonantes y llantos.
Entre los labios partidos
florece un clavo,
con tallo de hierro,
punta encogida
y cabeza de cera.
Cuando sonríe,
el mundo se derrite,
guarda silencio
y luego se apaga.

Fija la mirada en los posos del café
y piensa que él, en cierto modo,
está depositado en el fondo de sí misma.
Si sacude un poco la memoria,
ve algunos granos de polvo oscuro
caer lejos del pasado,
ve sonrisas como gajos de luna
y manos jóvenes que se rozan.
Huele y observa lo que queda
del café que le acaba de llevar a la cama:
tiene el color del chocolate amargo y la mierda,
huele a pasado y a presente,
mezclados en la misma boca,
con el mismo sabor amargo.

Las flores que él le regala
hacen fotosíntesis a la luz de la luna.
Son de plástico, pero aun así logran marchitarse,
como todo lo que él se atreve a tocar.
Él, un Rey Midas al revés,
transforma en cenizas todo lo que es oro.
Sus cenizas crepitan en la chimenea,
arden más que cualquier llama,
no chisporrotean ni suben,
simplemente quedan allí, quietas,
pero su quietud es más feroz que cualquier furia:
la sombra gris-negra que queda en el fondo
brilla como una mancha de sangre en el suelo.

A cuatro patas

En una habitación de cuatro paredes
y cuatro ventanas cerradas,
en una cama con cuatro manchas visibles,
descansa, derrumbada a cuatro patas,
inmóvil, pero no relajada.
Su mirada fija
en las cuatro aspas del ventilador de techo.
Sus oídos apagados
por el eco de cuatro golpes.
Su piel marcada
con cuatro moretones.
En el cajón de la mesita de noche
comprada hace cuatro años,
yacen cuatro sueños cubiertos de esporas de moho.

El cuerpo de él,
pesado y pacífico (ahora) descansa.
El cuerpo de ella,
delgado y desgarrado (siempre) entra en acción.
Hay trabajo por hacer:
expulsar el moco,
limpiar la sangre,
ocultar ese nuevo moretón.
Debe apresurarse,
mucho antes de medianoche.
Debe evitar
que el príncipe negro se despierte
y se transforme en dragón.
Debe encender una mentira fresca
antes de que él lo incendie todo
con un escupitajo de fuego.

Frágil

Tenías que manejarla con cuidado.
Su padre te la había confiado,
la había puesto en tus manos
como quien entrega un paquete frágil.
Fuiste un mensajero malvado
y un destinatario insatisfecho.
Tuviste la delicadeza de un nazi
en una sinagoga de cristal.
Y sonríes todavía, a pesar de todo.
Después de todo, no fue tuya la falta.
Hay millones de paquetes
que yacen rotos
en almacenes sin luz.
Los enviaron padres
inconscientes, ignorantes o insensibles,
que simplemente se equivocaron
al escribir la dirección.

Del amor ella quería todos los recodos,
los desvíos y las curvas cerradas.
Sin atajos, sin rutas fáciles,
sin rectas.
Quería ser desgastada de besos,
quería ser piel, labios, cabello,
manos acariciadas por mordiscos.
Quería excavar en el amor,
arrancar la vida de su superficie,
desgastarla, despeinarla, desmembrarla,
desmenuzar sus sacudidas.
Del amor quería surcar las olas,
marcar sus segundos,
deshojar sus pétalos,
arrancar sus raíces.
Quería despeinar el amor,
quería desordenar la vida.
En el fondo,
solo quería amar hasta la locura,
con la mente perforada de sueños.
En el fondo,
solo quería vivir un poco de magia,
con la cabeza en desorden y la cara sin marcas.

Por un error del destino
ella se encontró comprando pan
en invierno
con gafas de sol.
Por un error del destino
tiene todas las miradas fijas en ella
mientras pregunta el precio
y rebusca en su bolso.
Por un error del destino
se pasa el tiempo cubriéndose moratones,
persiguiendo sombras y contando segundos.
Por un error del destino
cada bocado de pan para ella
es terriblemente amargo.
Pero mientras hunde los dientes en la corteza
busca con la lengua la miga,
y cuando la encuentra,
cierra los ojos y sonríe,
como cuando era niña.

Hay amores que mueven
el Sol y las otras estrellas.
Él le había mostrado el sol
y luego le hizo ver las estrellas.
Hay poemas que hacen olvidar el mal.
Ella decidió convertir el mal en poesía.

Bajo este cielo
duermen como vagabundos.
Bajo este techo
la vida es una sed continua.
Bajo sus manos
el sexo es un trapo sucio.
Bajo este amor
cada aliento es una tos
que escupe fragmentos de sueños.

Tiene una cicatriz en el pecho,
justo a la altura del corazón:
si la toca por accidente
siente un escalofrío y jadea,
es como una caricia que hace ruido.

Su sonrisa aterroriza:
florece en su cara y respira sobre la nada.
Golpea más fuerte que un puño,
esa sonrisa tan obstinada, tan desesperada,
tan sin desdén.
Ella la lleva cada mañana, esa sonrisa:
la usa para despertar a los niños
y se enjuaga la cara con ella.
La pierde cada noche, ella, esa sonrisa:
cuando los niños se duermen
y el lobo festeja,
la esconde en el cajón
como una dentadura postiza,
junto con su propia cabeza.

El estómago del espejo vomita sus miradas
mientras ella se desnuda para él.
La Belleza es la culata de una pistola
agarrada entre frágiles dedos infantiles.

Sus manos son de mármol:
una escultura infernal, miguelangelesca.
Su cuerpo es una acuarela:
se disuelve
en el momento exacto en que se tumba en la cama.

Como una acuarela,
ella es soluble,
del agua nace
y en el agua muere.
Lloró lágrimas de alegría
y llora lágrimas de dolor.
Su amor del agua nace
y en el agua muere.

La válvula exhausta pero obstinada
incrustada en medio del pecho
vibra, martillea, tiembla, se estremece,
se detiene sólo de vez en cuando y luego continúa.
Se parece a su miembro, incrustado dentro de ella:
un corazón y una polla temblando juntos
en sendas paralelas de desesperación,
condenados a no encontrarse nunca.

Sus hijos son tan coloridos como globos.
Cuando ríen,
hacen el sonido brillante y festivo de las ferias;
cuando duermen,
su respiración tiene el ritmo de una caja de música.
Ella los observa,
manteniéndose siempre un poco distante,
como una espectadora absorta.
Los observa, sonríe,
y de repente,
todo parece encajar,
incluso las cosas que antes no tenían sentido.
Los observa, sonríe,
y de repente le duelen menos las rodillas,
la cara le arde solo un poco
y su corazón reanuda su latido natural.

Se ríe ahora.
Se ríe del día,
de la noche,
de la basura que hay que tirar,
de la ropa que se amontona,
de la nevera vacía, del estómago que gruñe,
de esa polla grasienta,
de las paredes que se aprietan, de las horas que se
estiran,
de las manos que se cierran sin poder golpear nada.
Se ríe, ahora, por poco tiempo todavía.
Y su futura sonrisa perenne aún no nace,
pero ya ríe,
dentro de su vientre preñado de arañazos.

Siempre envuelve en un film transparente de esperanza
los sueños que no puede consumir durante el día.
El congelador desborda
de caricias y mañanas mejores.

En la casa de ceniza
los días se persiguen y dan vueltas,
como niños robóticos, todos iguales.
En la casa de ceniza,
incluso las horas son grises:
se deslizan lentamente
sobre la esfera del reloj,
luchando de vez en cuando
hasta casi detenerse por completo.
En la casa de ceniza,
avanzar es un fuego continuo,
un constante perder el equilibrio
sin caer nunca,
un perpetuo flotar sin respirar.
En la casa de ceniza
hasta los ojos están cubiertos de hollín:
no pueden ver el sol más allá de las ventanas
o los picaportes.

Ella cabalga por la noche
con las manos fuera de las riendas
y el trasero alto en la silla.
Desnuda y vestida de moratones,
extiende el manto del silencio sobre sus pies
y se vuelve aún más pequeña,
enroscándose en sí misma.
En una carrera ciega hacia la Nada,
dos enormes dedos le bloquean las fosas nasales,
pero aún así, encuentra la manera de *re-esperar*.

Mirando la estampa sagrada
impresa en el pequeño papel
que le dieron en la iglesia,
se puso a decir:

¡Resucítame!
Si de verdad existes,
¡resucítame!

El pequeño papel
seguía siendo sólo un pequeño papel,
arrugándose levemente entre sus dedos.

No la resucitó,
no la sostuvo en sus brazos,
no la protegió.

Hizo lo que todos los demás ya habían hecho antes,
santos, profanos, creyentes e incrédulos por igual:

Dejó que el tiempo fluyera
como un río de espera
y la vio flotar en la superficie del agua,
desnuda, desilusionada, indefensa.

Ella siempre llora por cualquier cosa:
hoy, por ejemplo, es una fiesta local;
están celebrando al santo patrón.
Ayer no había ningún aniversario,
pero sus lágrimas fueron igual de insistentes.
Mañana, quizá, sonreirá,
y su sonrisa será confundida con una mueca;
cuando muera, la gente llorará con escándalo,
derramando lágrimas de poliéster,
y la elevarán como a un ídolo.

Solo los pasos.
El problema son los pasos.
Si no fuera por los pasos,
todo iría bien.
Pero los pasos la asustan,
la aterrorizan.
Sueña con alfombras,
alfombras incoloras en todas partes.
Sueña con pasos sin color
y sin ruido,
pasos que no pisoteen pensamientos
ni duelan.
Pasos sin zapatos,
pasos sin cuerpos,
pasos sin manos que hieran.
Solo los pasos.
El problema son los pasos.
Sueña con alfombras
para envolverse y esconderse.
Sueña con alfombras
donde él pueda volar lejos y no regresar.
Solo los pasos.
El problema son los pasos.
Los pasos que vienen para quedarse.
Solo los pasos.
Son los pasos lo que duele.

El silencio antes de su regreso
taladra su cráneo.
Los segundos se deslizan lentamente por el reloj,
como alfileres sobre una losa de miel.
La serenidad suele ser un regurgitar de luz
sobre la tela impoluta de una larga noche.

El tiempo presiona sus cuencas
con pulgares manchados de hollín.
El silencio escupe gotas de sangre
en el espejo polvoriento.
La indiferencia de la gente
envuelve su cuerpo desnudo
en un vestido de golpes variados.
Las manos son solo un medio:
el trabajo sucio lo hace
un Cerbero apático e indiferente.

Siempre viaja de pie en el autobús de la vida,
pero nunca nadie le ofrece un asiento.
Es joven,
pero su cara está arañada por el Tiempo,
preñada de cicatrices y enferma de amor.
Siempre viaja de pie,
y sin embargo,
nadie nunca le ofrece un asiento,
aunque lleva el cansancio
de mil años en los ojos.
Siempre viaja de pie en el tren de cada día;
se ve que está agotada,
se nota de inmediato.
Y sin embargo nadie se inclina hacia ella,
nunca nadie le ha preguntado si necesita ayuda;
todos solo miran su parada,
y luego se bajan y se alejan tristes.
Ella se agarra a las asas,
pero nadie nota cómo se tambalea,
cómo tiembla con cada sacudida.
Ella ya está en la terminal,
pero nunca llegará a su destino.

Cada día pone las manos en las llamas,
pero ya no se queman.
Simplemente se ponen rojas y arrugan,
como una membrana mucosa,
como una boca abierta y sangrante
que lanza besos al cielo,
anhelando hacerlo estallar todo.
Cada día pone el amor en las llamas,
deseando que arda más.
Una sola llama gigantesca
para envolverlo todo en un fuego incoloro,
ensordecedor y tranquilizante.

Hoy pone su vida en las llamas,
con la esperanza de dormir.
Una noche, una noche muy larga,
sin interrupciones, sin peones a pagar, por favor.

Paseaban de la mano por el malecón,
sus uñas clavadas en su carne.
Las farolas bañaban los adoquines de ocre
y coloreaban los ojos de los transeúntes.
Esas miradas flotaban sobre ella
como insectos molestos;
se pegaban a sus moratones y se quedaban allí,
incluso cuando ya se desvanecían.
Esas miradas eran como sus cicatrices,
eran como sus manos:
permanecían en su piel
durante momentos interminables.

Se encontró cargando con una cicatriz
en forma de rosa.
Floreció en su piel,
y ahora él la besa.
Su bigote la hace cosquillas,
pero no la hace reír.
Levanta los ojos hacia el cielo,
más allá de la ventana cerrada,
y ve las estrellas.
Después de todo,
también son pequeñas cicatrices de luz
en el cuerpo de la Noche.
Un pensamiento que le hace cosquillas
a su mente un momento.
Se hunde en él y finalmente sonríe.

Blanca como el Alba

Es casi de madrugada y ella se despierta.
Su bata roza el marco de la puerta
al entrar en la cocina.
Abre la nevera, saca la leche y dos tazas,
una azul en forma de delfín,
la otra rosa, como un cerdito,
ambas deformes y graciosas.
Sonríe brevemente, dulcemente,
luego las llena casi hasta el borde de leche.
Al salir de la cocina,
su bata roza de nuevo la puerta,
y sus pies descalzos crujen un momento.
Sus manos, sin embargo, se mueven en silencio,
mientras coloca las dos graciosas tazas
sobre las mesitas de los niños.
Dos besos, uno a cada uno, lanzados al aire,
para no perturbar sus sueños.
Su bata roza la puerta una última vez.
En la mesita de café, junto al sofá,
la espera una caja entera de pastillas:
son tan blancas como la nieve
que cae tras la ventana,
tan blancas como las sábanas
en las que duermen sus pequeños,
blancas como su cara
reflejada en el espejo,
blancas como la leche que ella también ha preparado,
en una taza sobria, seria, silenciosa.

El amanecer ya ha llegado.
Ahora ella también es blanca,
y finalmente se duerme.

Una estatua griega
de mármol, completa, perfecta.
Así luce ahora, en la cama,
con los ojos bien abiertos mirando al techo
y un hueco vacío en lugar de una sonrisa.
Sus pies descalzos apuntan en direcciones opuestas:
uno hacia la ventana, el otro hacia la puerta,
pero ya no intentan escapar,
ahora solo piensan en descansar.
Sus pequeñas manos blancas
tienen las palmas medio cerradas,
como si encerraran algo en el hueco,
quizá una de las flores que él le dio:
un capullo de papel maché sin olor,
del mismo color que la sangre seca.

Él descansa ahora,
hinchando el vientre con cada respiración
en la misma cama,
en la misma casa
donde ella aguanta la respiración cada día.

Se tendió como una planta, hojas arriba, esperando.
Pero en esta casa el día es una Noche eterna
y no hay fotosíntesis.
Se tendió como una planta,
hojas arriba, esperando.
Pero no hay quien la riegue
y el sol aquí nunca sale a tiempo.
Se tendió como una planta,
hojas arriba, esperando.
El granizo vendrá y tendrá ojos oscuros,
romperá su tallo,
dejando intactas sus raíces.

La destrozó,
en tres partes para ser precisos,
metidas en tres grandes bolsas negras,
enterradas en tres agujeros profundos.
Tres veces tres,
tres veces el número perfecto.
La perfección absoluta.
La misma que él buscaba
y que ella nunca pudo darle.
De vuelta a casa, celebró
con tres copas de vino
en un sofá con tres cojines,
pelando y comiendo tres nueces.
Tres veces tres,
tres veces el número perfecto.
La perfección absoluta.

A fuerza de inyectarse drogas
las venas de los yonquis desaparecen.
Parecen desvanecerse en el aire,
así, de una inyección a otra.
A fuerza de gritar dentro de esta casa,
ya no encuentra rincones
en los que insertar un nuevo grito.
Así que abre la boca y se queda sin aliento,
mientras él sigue inyectándole veneno.

En esta casa hasta las flores falsas se marchitan.
Rasgan pétalos de sangre
sobre la madera agrietada de la mesa.
Las ventanas aquí
sólo se abren hacia dentro
y los bordes sirven para chocar de pronto.
En los rincones de esta casa
se acumula el polvo de los sueños,
desde hace muchos años
y las horas se escurren
en un tic-tac desafinado.
En esta casa los pensamientos son navajas oxidadas
que crean heridas
y las infectan en un instante.
En esta casa la primavera
es un simple intercambio de fonemas,
una paronomasia burlona
entre el invierno y el infierno.

Cinco sueños podridos y un poema miserable

1.
El primer sueño era un sueño de niña:
el príncipe azul en un caballo blanco,
su padre bailando con ella un poco cansado
pero con la sonrisa del corredor
que acaba de pasar el testigo.

2.
El segundo sueño era una casita de cuento
con la cocina inundada de luz,
los libros bien alineados
y las paredes que destilaban paz.

3.
El tercer sueño era un balcón coloreado
por jarrones llenos de flores de geranio
y pequeños marcadores de veleta.

4.
El cuarto sueño era la esperanza
de que sólo se trataba de una fase,
de que todo volvería a ir bien.

5.
El quinto sueño era desear que todo acabara pronto.

Cinco sueños estúpidos, destinados a pudrirse,
cinco como los dedos de su mano,
perpetuamente estampados en su piel,
como tatuajes indelebles.

A veces son los soles más serenos
los que violan la piel:
dejan marcas profundas
con sus rayos aparentemente inofensivos.

La vela flácida
ilumina poco
pero quema mucho,
especialmente cuando presiona continuamente
contra el mismo trozo de piel.

Se maquilla y está muerta a la vida;
como un cadáver se maquilla por la vida
que no ha elegido y que no quiere ver.
Se maquilla y cuando sale
lleva una sonrisa que no le pertenece.
Sonríe cuando pertenece al mundo
y se maquilla de payaso para salir de él.

Cada vez que el Mundo la ensucia,
ella moja sus dedos en tinta y escribe:
la Negrura la limpia y la Nada desaparece.

Incalculable,
como los cigarrillos apagados en el cenicero.
Inasible,
como el humo que envuelve sus palabras.
Indescifrable,
como las vocales rotas de las lágrimas.
Incomprensible,
como la esperanza aún oculta en su sonrisa apagada.

Uno aprende a amar cada matiz de una casa
cuando esa casa es una cuna:
sus pisadas ligeras,
la risa bulliciosa de los vecinos.
Se aprende a odiar cada matiz de una casa
cuando esa casa es una condena:
sus pisadas fuertes,
el silencio ensordecedor de los vecinos.

Algunos objetos pesan mucho menos
que los recuerdos a los que están unidos.
La enorme estatua de mármol
junto a la verja
es mucho más ligera que los pasos
que lo traen a casa cada día.

Las astillas del silencio
apretadas alrededor del cuerpo
tras el ataque
duelen más que el ataque en sí.
Tras la venda de la indiferencia,
la herida sangra libremente.

Dentro de la carnicería,
entre los trozos de carne expuestos,
el alma cruda dentro del cuerpo vestido
se siente a gusto.

En esta casa,
se respiran suspiros de alivio
entre una muerte y otra.
Y entre suspiro y suspiro,
se sigue fingiendo.
En la casa de al lado,
la gente contiene la respiración con cada golpe.
Y entre un silencio y otro,
siguen fingiendo que no pasa nada.
En la iglesia junto a las casas,
se celebran bodas y bautizos
entre un funeral y otro.
Y entre una sonrisa y una lágrima,
las oraciones continúan.
Dentro de este cuerpo de mujer,
cada día hay suspiros y silencios,
acontecimientos alegres y ceremonias de luto.
Y entre lágrimas de alegría y lágrimas de dolor,
la espera continúa.

No podía hacer nada al respecto:
La esperanza se aferraba a ella,
absorbiendo su savia mortal,
como una sanguijuela excéntrica,
como un lactante desprevenido.
Y por eso seguía viviendo.
No había nada que pudiera hacer al respecto.

La llave entra por el ojo de la cerradura
y ya es un golpe al corazón.
La puerta se abre
y su lengua se convierte
en un trozo de cartón en la boca.
Las manos reúnen sus últimas fuerzas,
las envuelven y las atan
con las verduras que limpiaba.
Un ramo halagador, sano y poco sincero.
Los pies se mueven apenas unos centímetros.
La boca se abre en un beso
que oculta la tortura en una sonrisa.

Aullaba como un lobo,
gruñía como un cerdo,
amaba como un insecto.
Después del asalto,
quedan restos de baba y suciedad
en la cama.
En su mente,
perdura el zumbido del recuerdo.

No hay nada peor que una poesía comentada.
No hay nada más cruel
que el silencio al otro lado de la pared
cuando están matando un trozo de poesía
en la habitación de al lado.

Dentro de una maceta de ternura,
alguien plantó semillas de destrucción.
Las manos cariñosas, la lluvia y el sol no sirvieron:
de la tierra oscura brotó una planta caníbal
que devoró hasta la luz.

Conoce bien a los tres monitos:
uno no ve, otro no oye, otro no habla...
todos hacen como si no pasara nada.
Se sientan en el balcón con un cigarrillo encendido,
los pensamientos apagados
como frente al televisor.
Ella grita y ellos se quedan ahí, esperando,
mientras la ceniza cae sobre sus faldas.

Él es un animal de costumbres:
llega a casa siempre a la misma hora.
Ella mira su reloj: son las 19:20,
e incluso las manecillas parecen tristes,
como dos labios mohínos,
dos ojos abatidos y tristes.
Él es un animal de costumbres:
apenas llega a casa, la golpea.
Ella mira el calendario,
esperando que sólo unas pocas muertes
la separen de la última noche.

Las bofetadas azotan el aire,
golpean las paredes,
resbalan por el suelo, la cama, los vasos,
chocan con las miradas de los niños,
se clavan en las gargantas ahogadas por el llanto,
resuenan, se repliegan,
se rompen en mil fragmentos débiles,
en un millón de lamentos débiles.
La luz roja del alba imita la sangre en los labios,
pero llega en paz,
despoja las miradas inocentes
y, con una caricia audaz,
pone fin a la noche,
al menos por unas horas.

Nació azul.
Como el mar,
el cielo,
el papel de azúcar,
el carricero australiano,
los ojos de su abuela.
Ahora es roja.
Como la ira,
el sol antes de morir,
el papel manchado de vino,
la gallina incapaz de volar,
sus ojos inyectados de sangre.

Son gemas verdes
que brotan de un jardín imperfecto,
sus bebés.
Son elipses imperfectas,
círculos de crema sobre pasteles podridos,
cuadrados de luz
dentro de triángulos de oscuridad.
Los ve dormir suavemente
con un pulgar en la boca
y un piececito asomando bajo la manta.
Los ve caer en los brazos de Morfeo.
Los observa y espera
que el guardián de los sueños
tenga brazos más fuertes que los suyos.

Le hicieron un dibujo:
una especie de ángel
con enormes alas y un cuerpo diminuto.
Parece una mariposa alienígena.
Ella consiguió sus formas de ángel hace años:
ahora tienen dedos de artista,
pero las alas siguen siendo demasiado pequeñas
para volar.
Y ella,
ella es una mariposa a su vigésima tercera hora.

Sus huesos crujen como la tiza en una pizarra,
rechinan como la nieve bajo sus suelas,
repiquetean como troncos de madera
en una chimenea.
Las manos de él
dejan marcas imposibles de borrar,
derriten los sueños sin molestar a ningún sol,
hacen descender el invierno
en el punto exacto donde florecen las violetas.

Vertido verde de voces
a lo largo del camino:
sus niños jugando
con otros niños.
Bocanadas de sangre
llegan al corazón lívido.
Sus labios partidos
por un momento no duelen
mientras se abren en una sonrisa.

Sólo dos ligeras arrugas en la frente blanca,
una más grande, otra más pequeña.
Parecen dos agujas de reloj.
Son casi las tres menos cuarto en su cara.
Pero está deseando que sean
casi las diez menos cuarto.
No ve la hora de que casi todo termine,
y le gustaría encontrar de repente
su cara llena de manos
marcando el final del Tiempo.

Nadan hacia la orilla como pececillos,
en una red de sangre esparcida,
sus sueños.

Solía decirle que era su ángel,
el ángel de su corazón,
del hogar doméstico.
Le decía que era hermosa,
su hermosa chica,
su dulce mujer,
su musa mágica.
Pero un día algo cambió.
Ahora el ángel bello
escribe poemas desafinados
con la tinta roja en la que mojó
una de las plumas
arrancadas de sus alas.

El espejo tiembla antes de caer y romperse.
Ella siente que ha tenido frío toda su vida.
Se ha caído varias veces y se ha vuelto a levantar.
El espejo sigue reflejando sus rostros juntos,
abrazados.
Ella se niega obstinadamente a quebrarse.

Cae al suelo y se levanta
sólo para volver a caer,
una y otra vez.
Parece un payaso de circo,
pero nadie se ríe
y todo el mundo pide un bis,
una y otra vez.
Un solo espectador dentro de la carpa
es al mismo tiempo titiritero,
bromista y empresario:
mueve los hilos, hace sonar el látigo,
cuenta el dinero,
grita y jura mientras reza el rosario.

La Vestición

Se cose una voz encima,
mete una solapa de habla
en un ojal de silencio
y se prende al pecho
una nada cualquiera para decir.
En cuanto abre la boca,
se siente más desnuda que nunca.

La ausencia de Todo
está envuelta en una manta de lana lisa.
La toca con dedos que piden piel,
con piel que pide caricias.
Una áspera funda de almohada
peina sus cabellos y despeina sus pensamientos.
El mundo se prepara para dormir,
mientras ella está lista para despertar,
sin salir de la cama.
Aún hoy su vientre tocará otro vientre,
aún hoy alguien devorará un trozo de ella,
aún hoy ella se atiborrará de vida,
sólo para sentirse más hambrienta que antes.

De niña se quedaba mirando las nubes.
Las veía cambiar de forma, moverse rápido,
se hacían más grandes, más pequeñas,
desaparecían en el cielo.
Las miraba todo el tiempo y, con el tiempo,
se le pegaron a los ojos, las nubes.
Y desde sus ojos entraron en ella,
cruzaron su sangre y su mente,
se comieron sus pensamientos.
Se convirtieron en parte de ella, las nubes.

Y ahora son ellas las que la observan
cambiar de forma, moverse rápido,
hacerse más grande, más pequeña,

aniquilarse.

La soledad de un teléfono que no suena
es directamente proporcional
al terror de la llave girando en la cerradura.

La puerta que se abre cierra toda esperanza
y apaga la única nota dulce de silencio de la espera.

Aún recuerda
cuando acercaba una concha a la oreja
para oír el sonido del mar.

Al borde de la bañera, en el cuarto de baño,
hay dos conchas astilladas:
de vez en cuando aún se las acerca a la oreja,
incluso ahora.
La concha con el agujero en el umbo
va en su oreja derecha,
la astillada en el borde
en la izquierda.

Pero ya no oye el mar.
Quizás haya huido junto con su orgullo.

Le quedan los oídos ensordecidos
por los gritos y los golpes.
Le quedan sus manos
temblando fuertemente alrededor de su cabeza.
Le queda una vida para vivir en silencio,
lejos del mar.

No No No
(dedicado a Charles Bukowski)

Dios cometió algunos errores
pero cuando Él la creó tumbada en la cama
cargada de bofetadas, abatida por los puñetazos,
agotada por las patadas,
cometió el mayor error de todo Su Bendito Universo.

A veces duerme sola,
y para ella es toda una fiesta.
Se revuelca en la cama,
abraza la almohada
y, de vez en cuando, incluso se huele.
Se huele y solo eso,
se reconoce, se sonríe, se acaricia.
Nunca duerme cuando duerme sola,
porque no quiere perder ni una hora
de ese tiempo libre que la vuelve niña.

Nunca duerme cuando duerme sola,
pero sueña.
Sueña hasta el agotamiento.
Llena su mente de pensamientos hermosos,
como los hámsters llenan sus mejillas de comida
antes de hibernar.
En unas horas ya no estará sola,
llegará el invierno,
pero ahora es libre para quedarse despierta
y soñar hasta el amanecer.

El cielo se aferraba a sus ojos azules
cuando sonreía.
El mundo arrancaba su lengua de la boca
cuando ella hablaba.
La lluvia dejaba de caer
cuando lloraba.
Solo él,
Él,
mantenía las manos en el aire
mientras ella caía.

Aquí todas las flores se marchitan.
Beben demasiado
y respiran aire envenenado.
Aquí las flores pierden sus pétalos perpetuamente.
Dedos de escarcha las acarician,
miradas de fuego las rozan.
Aquí las flores se desvanecen.
Han cambiado la noche por el día
y sueñan interminablemente con pesadillas invernales.
Aquí solo una flor tiene nombre:
lo grita fuerte con la boca cerrada
para no olvidarlo
y sigue buscando el sol
mientras sus pétalos se desprenden.

Él le tira del pelo.
Ella piensa en mamá.
La madre que tenía tanto pelo,
tanto, que en ese cabello podías perderte.
Él le arranca los pensamientos.
Ella recuerda el cabello de su madre
y en él esconde sus sueños.
Él le roba los sueños.
Ella vuelve a abrazar a su madre
y desaparece en su pelo
una última vez.

La vida es un desgarro
en la tela de los pantalones
en una lluviosa tarde de invierno.
Él la acaricia allí mismo
sobre la piel desnuda
con dedos de hielo.
Ella cierra los ojos y mira
algo más allá,
piensa en su hijo dormido.
Sonríe
porque sabe que el alba vendrá con aguja e hilo
para coserle un parche multicolor
decorado con gorjeos y chillidos.

El monstruo la espera
al otro lado de la puerta,
tumbado en la cama de la habitación del hotel.
En el cuarto de baño huele a pis
y a toallas húmedas,
y sin embargo, ella se siente bien,
se siente más segura allí.
El espejo está cubierto de polvo y empañado,
y ella lo agradece:
no puede ver bien su propio rostro reflejado.
El monstruo está impaciente,
está harto y la llama,
es un lobo hambriento que exige la cena.
El cordero encerrado en el baño
respira hondo,
abre la puerta,
cierra la mirada y aprieta el puño.

La luna es un fragmento de hueso
incrustado en la carne del día.
El reloj le pregunta «¿Dónde te duele?»
y mientras tanto marca las horas.
Ella se lo piensa un rato
y luego sonríe tristemente:

«El único lugar donde no siento dolor
es el que más me duele».

Él se levanta con el pie izquierdo cada mañana.
Ella levanta las manos, en señal de rendición.
Desayunan juntos, sin hablar,
dejan pasar las horas.
Llega la oscuridad
ella vierte gotas de rabia en su garganta
y marca la Noche, sus sueños y sus quimeras
con los fragmentos rotos de su última copa.

Los sueños muertos no están sujetos al *rigor mortis*:
están muertos pero mullidos,
como polillas asesinadas por la luz.
Los sueños de su infancia
están todos aquí
al pie de la misma lámpara
que iluminó sus plegarias.
Si los aprietas fuerte contra tu pecho
parecen juguetes blandos.
Si los aprietas suavemente puedes oírlos llorar.

Sumerge las manos en las llamas
pero no arden.
Quema otra cosa, quema en otra parte.
Quema el recuerdo de ella cuando era niña
inmersa en un campo de amapolas.
Le parecían tantas pequeñas llamas,
esas pequeñas flores.
Eran tan hermosas
que se le humedecían los ojos.
Incluso ahora llora
mientras sus manos se derriten.
Es una muñeca de cera,
incapaz de asir la Primavera.

La mesa volcada.
Los pétalos de rosa del jarrón
se deslizan como peces por el suelo
en un parpadeo de rojo.
Rojos también los labios ensangrentados
partidos en el centro
como un fruto herido.
Ella también se deslizará,
es solo cuestión de un instante.
Se deslizará por el suelo
sin mover un músculo.
Y volverá a ser invierno.

Cada segundo un golpe.
Ella, debajo de él,
miraba el viejo despertador
en la mesilla de noche y contaba.
Tic, tac, bum, bam,
cada golpe un segundo.
Él sudaba, ella contenía la respiración.
Bum, bam, tic, tac,
ella rezaba para que el tiempo pasara rápido
y el tiempo, después de un rato, la satisfizo:
Bum bam, bum bam, bum bam,
tic... tac...

El silencio aquí pesa tanto
que el polvo hace un ruido ensordecedor
al caer.
Los gritos hacen sangrar los oídos,
pero son los silencios
antes y después
los que más duelen.

Ha soñado tantas veces con salir volando
que le duelen las escápulas.

El corazón del cordero no late demasiado rápido
cuando el lobo regresa a casa:
es el comienzo de una tragedia no escrita
en la que el cordero lleva mucho tiempo muerto
y no lo sabe.

La luna en el cielo es dura como la piedra,
ella la mira, redonda y blanca, como un plato vacío.
El plato caído al suelo está roto
dividido en tres trozos desiguales,
uno de los trozos parece una boca.
La boca en la cama está abierta,
pero no habla,
mira fijamente, negra y roja,
al techo,
al igual que los ojos.
Los ojos de la cara lloran por última vez,
lágrimas involuntarias como espasmos musculares,
gotas escapadas del espejo del alma.
El alma al otro lado del espejo
sonríe deliberadamente,
sin que nadie la fuerce,
por fin, por primera vez.

Primavera

El jardín se ensangrienta con las amapolas,
crece entre cálices caducos
y salpicaduras de verde húmedo.
Las amapolas tienen pétalos
demasiado grandes y rojos,
parecen flores borrachas
que no pueden mantenerse en pie.
Su juventud es una primavera sin lluvia,
asesinada por un sol con rayos demasiado calientes.

Los cuatro monos

Uno no ve,
uno no oye,
uno no habla;
luego hay otro
que vive de ver, oír y decir tonterías.
El cuarto mono
a menudo se queda en la ventana
o con la oreja pegada a la pared
y la boca pegada a un aparato,
pero no ve,
no oye,
no habla
cuando es realmente necesario.
En este loco zoo
el cuarto mono es el peor:
sin mover ni un solo pulgar oponible,
es capaz de abofetearte hasta dejarte sin vida.

Ellos también serán parte del pasado
algún día.
La mano de él, grande y tosca,
será parte del pasado;
el rostro de ella, pequeño y ligero,
también será pasado.
Parte del pasado serán las bofetadas,
los gritos, las lágrimas,
parte del pasado serán las mentiras,
las sonrisas, las caricias.
Desaparecerán en las cenizas
los cinco dedos impresos
en un solo rostro esculpido por el silencio.
Desaparecerán en la nada los 'No' y los 'Sí',
mezclados en un solo grito.
La única y gran esperanza es que,
al anularse en un único tiempo,
no se conviertan en una sola cosa,
todo junto, en el mismo instante.

Su abrazo
fue un encuentro de heridas:
en lugar de curarse,
sus carnes se infectaron unas a otras.
Ahora la piel arde peor que antes,
cada beso mágico sabe a sal y alcohol
y cada caricia es un abrazo de ortiga.

Caza invertida

La cría de ciervo ahora tiene su pata derecha
firmemente apoyada en el suelo
y la izquierda plantada en el pecho del cazador
tendido en el suelo.
El mundo toma una foto
de esta escena improbable de caza.
La vida se ríe, se horroriza, llora
y sonríe al mismo tiempo.

Sus tobillos están atrapados en mil astillas
y aun así, corre.
Corre, tropieza, cae y se recupera.
Recupera sus propios zapatos,
sus propios pies,
sus propios pasos
y la vida pisoteada bajo ellos.

Sucede ahora, inesperadamente,
y es una alegría inmensa.
Ahora que el sol se desliza lentamente sobre el canal
y pinta el agua de color naranja.
Ahora que el viento le acaricia el cabello suavemente
como solía hacerlo su madre
cuando la despertaba por la mañana con la mano.
Ahora que diminutas gotas de lluvia
forman un pequeño charco.
Ahora, inesperadamente, sucede:
se da cuenta de que finalmente es libre
e instintivamente, como una loca, se ríe.
Abre la boca tan ancha como puede,
sin vergüenza,
como si quisiera tragarse todo el aire del mundo.
Abre la boca de par en par
sin gritar ni decir nada,
y da vueltas en un círculo divertido.
Inesperadamente, sucede ahora:
se enamora de sí misma otra vez,
tropieza con sus propios pasos y cae al suelo,
sintiéndose un poco tonta.
Sucede ahora, inesperadamente:
es la primera vez que cae, se levanta y sonríe,
como si nada hubiera pasado.

Ella es hermosa mientras huye.
Hermosa con ojos rojos,
hermosa con piel blanca,
hermosa con el pelo revuelto
y los pensamientos peinados.
Es hermosa
cuando pisa la nieve
y sonríe al oírla crujir.
Es hermosa cuando golpea a propósito
los charcos de hielo medio derretido
sin preocuparse por ensuciarse o resbalar.
Es hermosa
cuando la gente la mira sin sonreír.
Es hermosa
mientras parece una niña loca
y una vieja chiflada.
Es hermosa
cuando vuelve a levantarse sola
y por última vez
se pide ayuda a sí misma.
Es hermosa
cuando se queda sin palabras,
cuando agradece a sus propias manos
por haberlo logrado.

Agradecimientos

Gracias por haber elegido leer estos poemas. Cada verso se inspira en vivencias personales y en experiencias de personas queridas; soy consciente de que algunas partes pueden resultar intensas. Mi deseo es que estas palabras, más que inquietar, despierten conciencia en quienes no han vivido directamente experiencias de violencia doméstica y sirvan como catarsis para quienes han debido enfrentar esta realidad, directa o indirectamente.

A todas las personas que se sienten representadas en estas páginas, espero que mis versos puedan ofrecer una pequeña luz en el camino hacia la sanación. Si desean compartir su experiencia, dejarme un pensamiento, brindarme sugerencias o mostrar apoyo, pueden ponerse en contacto conmigo a través de mi sitio web:

www.dananeri.com

Páginas para tus palabras

www.ingramcontent.com/pod-product-compliance
Lightning Source LLC
Chambersburg PA
CBHW051505050726

47593CB00005B/2234